海上絲綢之路基本文獻叢書

皇明象胥録（中）

〔明〕茅瑞徵 撰

文物出版社

圖書在版編目（CIP）數據

皇明象胥録．中 /（明）茅瑞徵撰．-- 北京 ：文物出版社，2022.6
（海上絲綢之路基本文獻叢書）
ISBN 978-7-5010-7554-6

Ⅰ．①皇… Ⅱ．①茅… Ⅲ．①邊疆地區－史料－中國－明代 Ⅳ．①K928.1

中國版本圖書館 CIP 數據核字（2022）第 065627 號

海上絲綢之路基本文獻叢書
皇明象胥録（中）

著　　者：〔明〕茅瑞徵
策　　划：盛世博閲（北京）文化有限責任公司

封面設計：鞏榮彪
責任編輯：劉永海
責任印製：張　麗

出版發行：文物出版社
社　　址：北京市東城區東直門内北小街 2 號樓
郵　　編：100007
網　　址：http://www.wenwu.com
郵　　箱：web@wenwu.com
經　　銷：新華書店
印　　刷：北京旺都印務有限公司
開　　本：787mm×1092mm　1/16
印　　張：11.625
版　　次：2022 年 6 月第 1 版
印　　次：2022 年 6 月第 1 次印刷
書　　號：ISBN 978-7-5010-7554-6
定　　價：90.00 圓

總緒

海上絲綢之路，一般意義上是指從秦漢至鴉片戰争前中國與世界進行政治、經濟、文化交流的海上通道，主要分爲經由黄海、東海的海路最終抵達日本列島及朝鮮半島的東海航綫和以徐聞、合浦、廣州、泉州爲起點通往東南亞及印度洋地區的南海航綫。

在中國古代文獻中，最早、最詳細記載『海上絲綢之路』航綫的是東漢班固的《漢書·地理志》，詳細記載了西漢黄門譯長率領應募者入海『齎黄金雜繒而往』之事，書中所出現的地理記載與東南亞地區相關，并與實際的地理狀况基本相符。

東漢後，中國進入魏晋南北朝長達三百多年的分裂割據時期，絲路上的交往也走向低谷。這一時期的絲路交往，以法顯的西行最爲著名。法顯作爲從陸路西行到印度，再由海路回國的第一人，根據親身經歷所寫的《佛國記》（又稱《法顯傳》）一書，詳細介紹了古代中亞和印度、巴基斯坦、斯里蘭卡等地的歷史及風土人情，是瞭解和研究海陸絲綢之路的珍貴歷史資料。

隨着隋唐的統一，中國經濟重心的南移，中國與西方交通以海路爲主，海上絲綢之路進入大發展時期。廣州成爲唐朝最大的海外貿易中心，朝廷設立市舶司，專門管理海外貿易。唐代著名的地理學家賈耽（七三〇～八〇五年）的《皇華四達記》記載了從廣州通往阿拉伯地區的海上交通『廣州通夷道』，詳述了從廣州港出發，經越南、馬來半島、蘇門答臘半島至印度、錫蘭，直至波斯灣沿岸各國的航綫及沿途地區的方位、名稱、島礁、山川、民俗等。譯經大師義净西行求法，將沿途見聞寫成著作《大唐西域求法高僧傳》，詳細記載了海上絲綢之路的發展變化，是我們瞭解絲綢之路不可多得的第一手資料。

宋代的造船技術和航海技術顯著提高，指南針廣泛應用於航海，中國商船的遠航能力大大提升。北宋徐兢的《宣和奉使高麗圖經》詳細記述了船舶製造、海洋地理和往來航綫，是研究宋代海外交通史、中朝友好關係史、中朝經濟文化交流史的重要文獻。南宋趙汝適《諸蕃志》記載，南海有五十三個國家和地區與南宋通商貿易，形成了通往日本、高麗、東南亞、印度、波斯、阿拉伯等地的『海上絲綢之路』。宋代爲了加强商貿往來，於北宋神宗元豐三年（一〇八〇年）頒佈了中國歷史上第一部海洋貿易管理條例《廣州市舶條法》，并稱爲宋代貿易管理的制度範本。

元朝在經濟上採用重商主義政策，鼓勵海外貿易，中國與歐洲的聯繫與交往非常頻繁，其中馬可·波羅、伊本·白圖泰等歐洲旅行家來到中國，留下了大量的旅行記，記録元代海上絲綢之路的盛况。元代的汪大淵兩次出海，撰寫出《島夷志略》一書，記録了二百多個國名和地名，其中不少首次見於中國著録，涉及的地理範圍東至菲律賓群島，西至非洲。這些都反映了元朝時中西經濟文化交流的豐富内容。

明、清政府先後多次實施海禁政策，海上絲綢之路的貿易逐漸衰落。但是從明永樂三年至明宣德八年的二十八年裏，鄭和率船隊七下西洋，先後到達的國家多達三十多個，在進行經貿交流的同時，也極大地促進了中外文化的交流，這些都詳見於《西洋蕃國志》《星槎勝覽》《瀛涯勝覽》等典籍中。

關於海上絲綢之路的文獻記述，除上述官員、學者、求法或傳教高僧以及旅行者的著作外，自《漢書》之後，歷代正史大都列有《地理志》《四夷傳》《西域傳》《外國傳》《蠻夷傳》《屬國傳》等篇章，加上唐宋以來衆多的典制類文獻、地方史志文獻，集中反映了歷代王朝對於周邊部族、政權以及西方世界的認識，都是關於海上絲綢之路的原始史料性文獻。

海上絲綢之路概念的形成，經歷了一個演變的過程。十九世紀七十年代德國地理學家費迪南·馮·李希霍芬（Ferdinad Von Richthofen，一八三三～一九〇五），在其《中國：親身旅行和研究成果》第三卷中首次把輸出中國絲綢的東西陸路稱爲『絲綢之路』。有『歐洲漢學泰斗』之稱的法國漢學家沙畹（Édouard Chavannes，一八六五～一九一八），在其一九〇三年著作的《西突厥史料》中提出『絲路有海陸兩道』，蘊涵了海上絲綢之路最初提法。迄今發現最早正式提出『海上絲綢之路』一詞的是日本考古學家三杉隆敏，他在一九六七年出版《中國瓷器之旅：探索海上的絲綢之路》中首次使用『海上絲綢之路』一詞；一九七九年三杉隆敏又出版了《海上絲綢之路》一書，其立意和出發點局限在東西方之間的陶瓷貿易與交流史。

二十世紀八十年代以來，在海外交通史研究中，『海上絲綢之路』一詞逐漸成爲中外學術界廣泛接受的概念。根據姚楠等人研究，饒宗頤先生是華人中最早提出『海上絲綢之路』的人，他的《海道之絲路與昆侖舶》正式提出『海上絲路』的稱謂。選堂先生評價海上絲綢之路是外交、貿易和文化交流作用的通道。此後，大陸學者馮蔚然在一九七八年編寫的《航運史話》中，使用『海上絲綢之路』一詞，這是迄今學界查到的中國大陸最早使用『海上絲綢之路』的人，更多地限於航海活動領域的考察。一九八〇年北京大學陳炎教授提出『海上絲綢之路』研究，并於一九八一年發表《略論海上絲綢之路》一文。他對海上絲綢之路的理解超越以往，且帶有濃厚的愛國主義思想。陳炎教授之後，從事研究海上絲綢之路的學者越來越多，尤其沿海港口城市向聯合國申請海上絲綢之路非物質文化遺産活動，將海上絲綢之路研究推向新高潮。另外，國家把建設『絲綢之路經濟帶』和『二十一世紀海上絲綢之路』作爲對外發展方針，將這一學術課題提升爲國家願景的高度，使海上絲綢之路形成超越學術進入政經層面的熱潮。

與海上絲綢之路學的萬千氣象相對應，海上絲綢之路文獻的整理工作仍顯滯後，遠遠跟不上突飛猛進的研究進展。二〇一八年厦門大學、中山大學等單位聯合發起『海上絲綢之路文獻集成』專案，尚在醖釀當中。我們不揣淺陋，深入調查，廣泛搜集，將有關海上絲綢之路的原始史料文獻和研究文獻，分爲風俗物産、雜史筆記、海防海事、典章檔案等六個類别，彙編成《海上絲綢之路歷史文化叢書》，於二〇二〇年影印出版。此輯面市以來，深受各大圖書館及相關研究者好評。爲讓更多的讀者親近古籍文獻，我們遴選出前編中的菁華，彙編成《海上絲綢之路基本文獻叢書》，以單行本影印出版，以饗讀者，以期爲讀者展現出一幅幅中外經濟文化交流的精美畫卷，爲海上絲綢之路的研究提供歷史借鑒，爲『二十一世紀海上絲綢之路』倡議構想的實踐做好歷史的詮釋和注脚，從而達到『以史爲鑒』『古爲今用』的目的。

凡例

一、本編注重史料的珍稀性，從《海上絲綢之路歷史文化叢書》中遴選出菁華，擬出版百册單行本。

二、本編所選之文獻，其編纂的年代下限至一九四九年。

三、本編排序無嚴格定式，所選之文獻篇幅以二百餘頁爲宜，以便讀者閱讀使用。

四、本編所選文獻，每種前皆注明版本、著者。

五、本編文獻皆爲影印，原始文本掃描之後經過修復處理，仍存原式，少數文獻由於原始底本欠佳，略有模糊之處，不影響閱讀使用。

六、本編原始底本非一時一地之出版物，原書裝幀、開本多有不同，本書彙編之後，統一爲十六開右翻本。

目録

皇明象胥録（中）

皇明象胥録（中）

卷四至卷六

〔明〕茅瑞徵　撰

明崇禎茅氏芝園刻本

皇明象胥録四

歸安茅瑞徵伯符撰

占城

占城古越裳國在交趾南周成王時重譯獻白雉秦爲象郡地漢併南越置象林縣屬日南郡東漢時數寇掠其後縣功曹子區連殺令自王號林邑國傳數世甥范熊代子逸晉武帝太康中來貢日南人范稚有奴名文嘗牧牛獲二鯉澗中化爲鐵以鑄刀削石立解因爲逸將教作宮室械器乘逸

文篡立永和中攻陷日南九眞義熙後頻入寇交州爲弱五世孫見殺于扶南王大臣范諸農平其亂自立宋永初二年以諸農子陽邁爲林邑王陽邁者華言紫磨金也林邑有金山石皆赤金夜飛如螢鑄金人大輒十圍天嘉中交州刺史檀和之將兵深入銷金人得黃金數十萬斤齊天監九年其王范文凱獻白猴歷梁陳貢獻不廢隋仁壽末遣將軍劉芳率步騎萬餘往擊其王范梵志引衆乘象逆戰芳掘坑覆草僞北誘陷之入其都獲廟

七十八枚皆范金爲像蓋有國凡十八葉矣因叛其地爲三郡置守令道阻不克入梵志尋復國唐貞觀時王頭黎獻五色鸚鵡子鎮龍被弒范姓遂絕國人立頭黎女爲王不能定迎立頭黎姑子諸葛地至德後更號環王王所居曰占城後因以占城爲號史稱其俗累磚爲城塗以蜃灰王着法服加瓔珞如佛飾出則乘象吹螺擊鼓幡旗用吉貝鎧以藤弓矢以竹國不設刑法有罪令象踐殺之人深目昂鼻髮拳色黑貴女賤男嫁娶用八月右

姓曰波羅門物產大抵同交趾周顯德中占城貢方物有通犀帶作雲龍形及薔薇水猛火油宋建隆二年其王釋利因陁盤遣使來朝書表于貝多葉盛以香木函爾後貢獻相望太平興國六年交州黎桓獻占城俘太宗令廣州撫遣之雍熙後苦交州侵逼其民率附儋廣二州淳化三年賜其王白馬二遂爲額大中祥符四年貢獅子二畜苑中皇祐七年廣西安撫經略司言占城近修武備抗交阯將由海東路入貢熙寧中詔協力致討其國

選兵七千捉賊衡以木葉書回牒訖無成功後兩
國並入貢使請各避政和中授其王楊卜麻疊金
紫光祿大夫領廉白州刺史予奉給宣和元年進
簡較司空兼御史大夫懷遠軍節度封占城國王
自是每遇恩降制加封邑淳熙四年占城以舟師
襲眞臘傳國都慶元後眞臘大舉復讐俘其王占
城地悉歸眞臘更立眞臘人主之因號占臘元至
元中内附降虎符封占城郡王命左丞唆都等立
省尋以負固命行省官率兵自廣州航海縱擊佯

錄四　　藏板

請款獻金葉九節標槍其王棲鴉侯山立砦聚衆
二萬餘且借兵交趾眞臘諸國截歸路師回招諭
始奉表降　國朝洪武二年命行人吳用顔宗魯
楊載等齎　璽書使占城爪哇日本等國會占城
國主阿答阿者遣虎都蠻來朝貢虎象優詔答之
其年貢使蒲旦麻都言安南逼境諭兩罷兵遣中
書省管勾甘桓會同館副使路景賢封阿答阿者
爲占城國王　賜鍍金銀印大統曆金綺三年遣
祀山川以占城通中國文字令貢士赴　京師聡

安南高麗沙漠平頒詔其國四年阿荅阿者遣荅
班爪卜農奉金葉表來朝譯稱安南侵擾願賜兵
器樂人俾知聲教所被少紓凌奪
上意憐之命中書省咨王言占城安南並奉正朔
已諭令安南罷兵更給爾兵器是同佐鬪所請聲
樂華夷方言各異如爾國能習華音聽赴京肄習
并諭福建行省免征占城海舶示懷柔意八年諭
占城等國三年一朝貢以貢使挈行商多詐著
祖訓沮遏之十六年遣子來賀　聖節給勘合文

冊二十四年以其臣閣勝弒立絶貢使永樂元年
其王占巴的賴遣賀即位愬安南侵掠諭息兵修
好四年征安南勑廣東都指揮司由海道往占城
會兵五年獻黎氏俘表謝七年命中使鄭和等往
賜其國自五虎開洋張十二帆順風十晝夜至其
酋戴三山金花冠臂腕束以金鐲乘象馬郊迎蕭
伏十一年再征安南兵部尚書陳洽言初討黎賊
及陳季擴占城王出兵觀望至化州大掠以金帛
戰象資季擴季擴亦遣以黎蒼女約侵升華府厥

罪雖均

上以交趾初定不欲窮兵諭歸侵地十六年貢瑞象自永樂後三年一貢其國嗣王輙請命宣德元年行人黃原昌往頒正朔縄其王不恪郤所贈金帛擢戶部員外郎七年暹羅使者以前使及番伴百餘爲占城拘留愬于朝正統元年占城使至詔還所留暹羅人及我軍往西洋未歸者六年行人吳惠齎勑立其嗣王摩訶貴舟發東莞從交趾界抵國時臘月尚暑國人多裸袒稻始熟明年上元

夜王焚沉檀燃火樹盛陳樂舞款客十二年攻安
南爲其王黎灝所敗景泰末摩訶貴卒其子槃羅
茶全請封天順中命給事中江彤行人劉寅之
賜冊五年安南王灝大發兵破占城成化七年槃
羅茶全卒弟槃羅茶悅攝國事奏安南攻圍刼賜
印以息兵諭安南九年命給事中陳峻等賫印封
槃羅茶悅爲王抵靈山聞茶悅等被虜乃還而安
南王灝奏占城前襲其化州槃羅茶全親率象馬
令弟槃羅茶遂先發反弒茶全而槃羅茶悅子茶

質苦來率從峒伏竹弩夜攻殺茶遂自立邊吏黎文因發兵擊盜頃已奉勑還所掠兵部尚書項忠等以奏詞牴牾請勑具實奏十四年安南王灝遣陪臣阮達濟奏辯占城非沃壤曾無占奪望遣朝使申畫郊圻二十年占城復請封命給事中馮義行人張瑾賫勑印往義等方乘巨舶市利至廣東聞所請封爲王者死恐空反遂馳至占城而安南已用僞勑立國人提婆苦居攝卽以印幣授提婆苫冊爲王得厚賂黃金還經滿剌加國貨所賫至

海上義死瑾歸報而王弟古來先奏請嗣封前事頗泄瑾下詔獄坐專擅論斬謫戍邊明年復遣給事中李孟陽行人葉應封古來爲王挨古來奏初王見虜王弟槃羅茶悅潛匿北封使至復爲交人所執後懇天朝訪本國子孫撥還故土自邦都郎至占臘地界五處立齋亞麻勿庵爲王無何死弟古來序當立願遣使諭還全境二十七處四府一州二十二縣東至海南至占臘西至黎人山北至阿木喇補凡三千五百餘里而提婆苔譯占城使

不知何許人也爲安南所納抗言古來不當嗣二
十三年古來自老撾走崖州懇辨時孟陽等次廣
州疏言占城僻陋安南構兵未靖恐騷封至損國
威宜勅安南悔過仍令古來歸國聽勘從之命兩
廣督府主其事都御史屠滽屬叅議姜英勘寔僉
謂古來王弟宜繼　賜勅切責安南王灝始聽命
滽製海舟募勇士千人護古來至新州港弘治元
年王古來奉金葉表謝并附致黃白金器飾於滽
上諭滽受固辭十八年古來卒其子沙古卜剌請

封給事中任良弼等疏行勘明遣使賫勑至廣東
境上令領歸國報可正德五年仍命給事中李貫
行人劉廷瑞授冊而貫憚往以無通事諸人爲解
致命于其使而歸嘉靖初占城及暹羅等國商泊
廣東市舶中使牛榮私貿易事覺沒其貲頃之沙
古卜剌卒沙日底齊立二十二年遣叔沙不登古
魯等奉金葉表貢方物以綵幣報　賜其王使者
請給冠帶及稱安南攻掠乞護出境並報可其國
東北瀕海從福建長樂五虎門西南放舟甚駛距

海口百里立石塔爲標舟皆繫焉然貢道由廣東
按元史其國近瓊州舟行順風可一日至治、木城
可二十餘里俗便山習水開北戶向日鮮霜雪尚
釋無絲蠶衣禁玄黃以白氈布纏胸垂至足窄袖
椎結居茅茨不踰三尺分晝夜各五十刻無閏月
夜鼓八更睡起以子午爲率見月飲酒歌舞爲樂
元旦驅象出郭名逐邪冬至定十一月望日釀酒
俟熟賓主繞甕坐且咂且注水味盡乃止產諸香
饒象牙犀角伽楠香惟此地有之價亦頗貴犀如

水牛大者八百斤角在鼻端長可尺五寸焉小於驢樹之異有觀音竹如藤長丈八尺許色黑如鐵每節長二三寸稻種耐旱而早熟宋真宗時求種給江淮兩浙擇田高者蓺之即今黃秈所謂占城稻也語燕鳩果于戰鬪或云文書用羊皮及黑木皮土雜白沙畜多牛不任耕耨亦鮮粒食醞以生蛆爲佳歲時酋長採生人膽入酒又以浴身曰通身是膽王嘗賀日沐人膽汁出游乘象或黃犢車一人持檳榔盤爲導尸頭蠻本婦人目無瞳與家

人同寢夜深頭飛去食人穢飛回復合體如舊諸
有罪送不勞山始弘治中安南數侵占城奏請命
官往諭大學士李東陽獨曰王者不治夷狄安南
雖修貢然負固日久今遣官抵其國海島茫茫空
掉寸舌萬一執迷衡命寢置不問損威已多卽問
罪興師開禍尤烈宜勿聽時以東陽得大體云

錄四

藏板

眞臘

眞臘本扶南屬國在占城西南其王質多斯那兼扶南有之姓刹利氏隋大業十三年貢獻始通中國唐貞觀初傳子伊奢那與環王相攻自武德至聖曆凡四來朝神龍後分爲二南際海饒陂澤號水眞臘北多山阜號陸眞臘其後復合爲一宋政和六年遣使貢賜以朝服宣和二年封爲眞臘國王建炎二年以郊恩授其王金裒賓深簡較司徒加食邑所部聚落六十餘有銅臺列銅塔二十四

銅象八鎮其上象各重四千斤歲時朝會列玉儀
孔雀犀象名曰百塔州以金盤椀盛食因有富貴
真臘之諺其國戰象幾二十萬馬多而小閩人有
浮海之吉陽軍者風泊占城方與真臘各乘象戰
敎占城習騎射勝之慶元中真臘破占城更其王
占城轉屬焉元遣使招諭真臘臣服其習尚詳隋
書及永嘉周達觀所作風土記自温州開洋經交
趾抵占城又自占城可半月抵真蒲即其境地廣
七千里北抵占城西南距暹羅各半月程南距番

禺十日程東瀕大海國中有金塔及銅石塔城上石佛頭五中飾以金王三日一聽朝坐七寶牀出入擁劍立象上建小金塔金佛前導非嫡子不嗣自王以下男女皆椎髻袒裼止以布圍腰手足並帶金鐲以香藥塗體家奉佛僧茹魚肉唯不飲酒供佛亦以魚肉疊貝葉爲經甚華整每旦澡洗以楊枝淨齒誦經呪文書以麂鹿皮染黑蘸粉畫字亦有通天文者能推算日月薄蝕以十月爲歲首閏悉用九月夜分四更侯煖不識霜雪夏秋多雨

移避山居産翠羽諸香佳樹異魚貿易以婦人貴中國針梳鍋蓆磁漆等器開戸東向坐以東爲上手以右爲淨其大較也俗稱儒爲班詰僧爲苧姑道爲八思班詰不知所誦何書但從此入仕爲清貫彌望沃野不事蠶織後暹人來居得桑與蠶種縫補織紝率倩暹婦爲之洪武初其國王忽兒那遣奈亦吉郎表賀獻方物六年　賜大統曆文綺二十年命行人唐敬使其國貢象五十九永樂初以即位諭海外諸蕃御史尹綬使眞臘自廣州發

舶由海道歷占城經淡水湖菩提薩州繪山川爲
圖以獻三年其王參烈婆毘牙卒 命序班王孜
往致祭給事中畢進賫詔封其子嗣王景泰二年
來貢 賜王及妃文綺後朝貢不絶今眞臘訛爲
東埔寨賈舶止抵海隅箭木州以柴爲城華人率
寓居市道甚平或云卽蒲甘國

暹羅

暹羅國在南海中自東莞放洋歷占城西南行順風七晝夜至其北岸連交趾本暹與羅斛二國暹土瘠不宜耕稼羅斛平衍多穫暹仰給焉或曰暹即古赤土羅斛即古婆羅刹赤土亦扶南别種也隋大業三年遣屯田主事常駿等使赤土自南海郡舟行二旬達雞籠島至其界王姓瞿曇氏禮遇甚厚隨貢方物獻金芙容冠龍腦香鑄金爲多羅葉文表封以金函後改名暹元成宗元貞初暹國

進金字表來貢至正間暹降羅斛爲一國洪武初
遣大理少卿聞良輔往諭之四年其王參烈昭毘
牙遣使奉金葉表朝貢賀正旦　賜大統曆六年
其子參烈寶毘牙復遣貢併獻其國地圖十年貢
象及方物命禮部員外郎王恒等賫詔　賜以暹
羅國王之印十六年給勘合文冊令朝貢以時二
十八年遣中使　賜嗣王昭祿羣膺及妃文綺永
樂元年奉表乞量衡爲國中式并賜金綺古今列
女傳爾後定三年一朝貢貢道由廣東二年福建

布政司奏有番船泊岸係暹羅國與琉球通好已
藉船物請命
上謂禮部尚書李至剛等曰諸番脩好乃美事漂
舟所宜嘉恤令所司爲治舟廪而遣之七年奉表
遣祭　仁孝皇后使還諭歸南海流民何八觀等
十三年嗣王侵滿剌加國勑令罷兵二十一年定
例免抽貨稅給賞畢日許于會同館開市宣德中
賜予稍減成化十三年使來貢汀州士人謝文彬
以販鹽下海漂暹羅仕至坤岳坤岳者華言學士

至是偕來貿易蕃貨事覺下吏弘治中命給事中林恒往冊封正德十年進金葉表文貢方物譯其字無識者大學士梁儲疏請選留來夷一二名在館肄習從之嘉靖元年暹羅及占城各番舶至廣東市舶中使牛榮縱僕私貿蘇木胡椒諸物囂南京盤獲伏法三十二年貢白象及方物象斃于途遣牙一枝使者飾以珠寶盟金盤并象尾獻

上嘉其意禮遣之三十七年其王勃略坤息利尤洮牙遣使賚金葉表來朝明年從貢使請特還抽

稅佐脩船費隆慶初東蠻牛求婚暹羅不許緬沙
外兵破其國虜世子及賜印歸萬曆初嗣王擊走
東蠻牛是後暹羅益強移攻眞臘眞臘請降七年
復遣使具金葉表文來貢二十二年緬酋雍罕等
從蠻莫道歸暹羅卷甲趨之俘斬數萬緬勢遂衰
其國方千餘里山廻環峭立候嵐熱王宮壯麗覆
以錫瓦民多樓居避濕樓密聯檳榔片繫以藤甚
固俗勁悍削檳榔木爲鏢鎗水牛皮爲牌并藥鏃
習水戰大將多用聖銕裹身刀矢不能入聖銕者

人腦骨也王跨象或乘肩輿白布纏首腰束錦帨以受封　天朝獨留髮國中婦多智夫聽于妻遇中國男子輒私之以諸香澤其體髮日夕三四浴男陽嵌珠玉富者範金盛珠行有聲婚則取女紅貼男額沃土力穡尚釋教經字皆橫書家及百金即以其半施佛重喪禮貴人以水銀灌屍塟高阜地民間或筏浮於海迎僧呪大鳥食之頃刻盡謂之鳥塟釀秫爲酒甲諸夷稱暹酒工刺繡織絲布用海貝言語大類廣東貢物犀象珊瑚寶石阿魏

諸香六足龜西洋布之屬其旁國大坤風土相似

多產椒

錄四

二

藏板

、爪哇

爪哇古闍婆國在南海中一名蒲家龍今稱下港每移文書千三百七十六年疑肇啓漢初云宋元嘉十二年國王師黎婆達阿陁羅跋摩嘗遣使奉表唐曰訶陵南瀕海北真臘王居闍婆城貞觀中入貢至上元間推女子爲王號悉莫令亮嚴肅大曆中訶陵使者三至元和八年獻頻伽鳥朝貢訖咸通宋仍號闍婆其國與三佛齊國数搆仇殺淳化三年國王穆羅茶遣使朝貢大觀三年再入貢

禮之如交趾元號瓜哇舟行自泉南經占城至其國程可一月或曰自東莞開洋至占城順風二十晝夜至世祖海外之役瓜瓜哇爲大至元二十九年詔平章史弼等率福建江西湖廣三行省兵二萬征瓜哇從八節澗水陸並進會瓜哇與鄰國葛郎搆兵其王爲所殺婿土罕必闍耶奉地圖降請援遂攻葛郎下之因詐歸治裝入朝反遮擊還軍弼鬬後得舟達泉州洪武二年遣行人 賜以璽書五年其王昔里八達剌遣使奉金葉表貢方物納

元授勑九年其王八達那巴那務貢白鹿孔雀尋以中朝待所屬三佛齊與之埒使臣取道邀殺之十三年奉金葉表貢黑奴三百人　詔切責絕其貢三十年以三佛齊挾詐阻商令禮部移暹羅轉諭後其國分東西二王永樂二年東王孛令達哈遣使朝貢請印以鍍金銀印　賜焉五年西王都馬板滅東王會朝使舟過東王城死者百七十人降勑詰問西王懼上表謝罪願償黃金六萬兩已貢萬金

上曰朕令遠人知畏耳寧利金耶罷弗徵　賜鈔
幣諭之十一年貢使還勑聞王以割舊港地界與
滿剌加懷疑懼浮言愼勿聽十三年西王更名楊
惟西沙遣使謝十六年獻白鸚鵡宣德後久不至
正統三年復來貢使臣亞烈馬用良八諦南巫先
後乞賜金銀帶予之亞烈八諦皆官名用良與通
事良殷南文旦並漳州人殷乞還鄉用良文旦乞
便道過里仍還國皆報可命有司給道里費時眞
臘等十一國使臣歸勑爪哇護其行八年以廣東

叅政張琰言朝貢靡敝中國令以三年爲期景泰三年求傘蓋及蟒衣　詔給其一國王爲巴剌武是後朝貢無常其國四鄉初至杜板僅千家主以二酋流寓多廣東漳泉人有水一泓甚甘稱聖水相傳元將史弼高興往征經川乏水祝天泉隨湧東行半日至廝村中國人留客成聚名新村約千餘家編茭樟葉覆屋村主廣東人番舶至此互市琛寶充溢又南水行可半日至淡水港乘小艇行二十餘里至蘇魯馬益米糧所湊亦近千餘家半

中國人港旁大洲林木茂蔚有長尾猿数萬又水行八十里至漳佑登岸西南陸行半日抵王居磚墉高踰三丈方三十餘里宮宇鋪板蒙以藤花蓆頗宏麗其俗有名無姓尚氣好鬪生子一歲便以七首佩之蓬頭跣足上衣下帨初婚以五日後迎新婦裸而跣被金珠綵飾王頂金葉冠腰束錦綺跏趺坐或跨象乘牛市用中國古錢衡量以倍華船上澗貿易晨集午罷王日徵其稅澗東紅毛番澗西佛郎機各起土庫歲以哈板船往來用銀錢

互市本夷則用鉛錢書同、瑣里無楮筆以刀刻葉上西番賈胡及唐人雜居服食多雅潔土人啖蛇蟻虽蚓無匕筯至與犬同寢食信鬼好游或乘軟兜寇盜少不設刑禁輕者金贖重即以藤繫刃殺之葅以水火或令犬食曰犬葅樂有橫笛鼓板自爲夷舞銅鼓響欲遏雲價値可数十金貢物鶴頂火雞犀象珍珠諸名香藥及西洋鋏鶴頂鳥腦骨厚寸餘外黃内赤火雞軟紅冠銳嘴食炭大於鶴産倒掛鳥形如雀羽五色每焚異香取貯翼間夕

則張尾翼倒掛以散焉亦饒吉貝桄榔木青鹽綵鳩白鹿白猿猴所屬蘇吉丹丁機宜打板打綱底勿諸國其旁國碟里日羅夏治合猫里

蘇吉丹

蘓吉丹今訛爲思吉港闍婆支國直泉州丙巳方東至海水勢漸低女人國在焉逾東則尾閭所泄非人世矣王五色布纏首跣足出蔽以傘從者五百餘各持鎗劒頭戴帽如虎鹿牛象狀不一剪髮裸體以布纍腰波羅蜜果甘美蔗長踰丈或日思

吉港聚落頗衆而吉力石其主也國在山中賈舶僅經其水潏華人泊饒洞貿易饒洞曠衍以石爲城酋出入乘車御馬亦御黄犢鹵薄皆備風俗大類下港饒洞之後爲金後山饒有修竹茉莉土人以一紙蔽下體種荳供食或射鹿佐酒

丁機宜

丁機宜幅員晁狹酋衆僅千餘其國以木爲城王居列鍾鼓樓出入騎象以十月爲歳首性好潔俗近爪哇而酒禁甚嚴上族輒不御酒客至以扶留

蔴稽榔代茗惟細民無賴時時闌入醉鄉曹偶共笑之地接柔佛爲所侵始通姻好與華人舟中互市産犀象黄蠟嘉文席

吉里地悶

吉里地悶其國在重迦羅東與瓜哇接今訛爲遲悶重迦羅山巃嵸奇秀沿山皆旃檀至伐爲薪炊蒸人候苦熱午後兌背向水坐差可辟瘴然易染疾死田肥宜穀無它產男女斷髮穿短衫夜臥不覆體商舶所聚去城稍遠每舶至王必出臨之侍

衛頗盛日輸稅亦不苛索也俗以立爲尊夷人見
王則坐地合掌不知年歲亦無姓氏文字以石片
紀事如干石則總于繩爲一結訟則兩造各牽羊
曲者没之葢猶有結繩束矢之風焉

碟里

碟里國在東南海中大洲上有諸港通海人淳產
薄尚佛少訟永樂三年國王遣使馬黑木來朝貢

日羅夏治

日羅夏治海中小國無它產產蘇木胡椒頗知種

藝奉佛寡盜永樂三年國王遣使朝貢

合猫里

合猫里國即猫里務地小土瘠多山山外大海饒魚蟲人亦知耕稼永樂三年同爪哇國朝貢產胡椒蘇烏木地鄰呂宋漸成沃土俗亦近馴舶人語曰若要富須往猫里務葢亦小邦之善區也有網巾礁老者蕩舟爲盜海上往來甚駛其國重遭寇掠遂轉貧困賈舶多指別島

三佛齊

三佛齊國在東南海中即舊港又名浡淋本南蠻別種有地十五州東距瓜哇西距滿剌加南距大山西北濵海自瓜哇南向順風八晝夜至或云與占城隣居真臘闍婆間汎海二十日至廣州俗饒而嚚水多地少部領得陸居餘架筏水中爲梁柱葢屋水長則筏浮便遷徙土沃倍它壤語稱一年種穀三年生金言富米穀多貿金也畨舶輻輳率漳泉東粵人以錢布市用梵書貼王指環爲印亦

有中國文字累甓爲城周數十里覆屋以椰葉不輸租賦有征伐則調發習水戰敢死海上並畏之其國人多蒲姓唐天佑元年來貢授其使蒲訶栗立寧遠將軍宋建隆後数朝貢大中祥符元年許貢使赴泰山陪位于朝覲壇天禧中奉金字表貢眞珠象牙梵夾經崑崙奴元豐五年貢使入見以金蓮花貯眞珠龍腦撒殿紹興中張運爲度支郎中嘗請將戶部所儲三佛齊國貢乳香九萬餘斤直可百二十餘萬緡分齎江浙荊湖漕司充餉洪

武初遣行人趙述使其國其王怛麻沙那阿稱臣
四年奉金字表貢方物　賜大統曆文綺六年來
賀正旦八年遣使往招諭拂菻國九年怛麻沙那
阿卒王子麻那者巫里請封十年詔　賜三佛齊
國王印駝紐鍍金其國初隸爪哇後爲所并國廢
於舊港置小酋市易南海商粱道明聚居積歲遂
糾衆爲之長永樂二年命行人譚勝招還而陳祖
義以廣東人亡命爲將領橫掠行旅五年中使鄭
和充舶下西洋祖義鄉人施進卿愬和擒殺之承

制官進卿留長舊港是年遣壻丘彥誠入貢詔設
舊港宣慰使司以進卿爲宣慰使二十一年子濟
孫襲脩貢同諸番產神鹿猫睛石膃肭臍薔薇水
龍腦諸香神鹿如巨豕高三尺膃肭臍魚類豕首
兩足其臍紅紫色上有紫斑置睡犬旁驚跳若狂
貢物有火雞五色鸚鵡黑熊白獼龜筒苾布兜羅
綿被道廣東或云三佛齊王號詹卑今王所部稱
詹卑國而故都爲爪哇所破更名舊港以别於新
村詹卑市貨償金以椒喜買夷婦宅國多載女子

易椒以歸

、百花

百花國居海中依山爲國天氣恒煥如春無霜雪多嘉樹奇卉四時蔥鬱故名俗富饒尚釋敎或云即宋史注蕃國本役屬三佛齊洪武十一年其王剌丁剌者望沙遣使奉金葉表朝貢貢物有白鹿紅猴龜筒玳瑁孔雀倒掛鳥今附舶香山濠鏡澳貿易

、文郎馬神

文郎馬神國近山以木爲城居民築室大類三佛齊五色布纏首腹背多裸或着衣小袖蒙頭而入下體以縵圍之初以蕉葉盛食及通中國漸用磁器好市華人磁甕畫龍其外人死貯甕以塟王出乘象或泛舟以繡女從典衣持劍或捧檳榔盤威儀甚都華人與夷女通輒削其髮以女妻之不聽歸也女蓄髮苦短見華人髮長羨之或詒曰我長中華用華水沐耳夷女競市舟中水華人故靳以資嘲笑間携香蕉茉莉相贈土產鶴頂蒳藤最多

入山深處有村名烏籠里彈其人盡生尾逢人羞
澁掩面欲避然地饒沙金夷人携貨往市擊小銅
鼓爲號貨列地上郤立山中人前視貨當意者置
金貨側持去按水經注其國一稱文狼或曰馬文
淵遺兵流寓號馬流者兹殆其苗裔云

浡泥

浡泥本闍婆屬國在西南大海中統十四州前代不通中國宋太平興國二年其王向打始因商人蒲盧歇附使表貢龍腦象牙玳瑁殼元豐五年其王錫理麻喏復遣使貢乞從泉州乘海船歸 本朝洪武三年命御史張敬之福建行省都司沈秩持詔往諭其王馬合謨沙傾倨傲秩正言折之乃竦聽以蘇祿來侵爲觧秩反覆曉譬遣使隨秩等至以金表銀箋貢方物八年 詔浡泥山川之神

附祭于福建山川位次永樂三年命封痲那惹加
那乃爲浡泥國王　賜印符誥幣六年王率其妃
及子來朝泊福州港守臣以聞遣中使往勞所過
郡並設宴抵京王奉金字表獻珍物妃箋獻　中
宮東宮
上宴王奉天門命供張會同館日給牲牢上尊
賜金玉帶繡龍襲衣鞍馬是年王卒于館輟朝三
日祭賻甚厚葬南京城外石子岡樹碑立祠以西
南夷隸籍中國者守之謚恭順所司以春秋祀封

其子遐旺嗣遣使送歸國故事歲輸瓜哇片腦四
十斤
上勑瓜哇罷征兼封其國山爲長寧鎮國之山製
文刻石從所請也十二年及洪熙元年皆來朝貢
命廣東布政司宴勞嘉靖九年給事中王希文言
暹羅占城琉球瓜哇浡泥五國貢獻並道東莞
祖訓比對符驗伴送舟有定額來有常期旋以來
帶行商多絶其貢正德間佛郎機混入流毒屏絶
曾未踰數朞遽議開復損威已甚疏下都察院覆

錄四　藏板

請今後諸國進貢依期比對驗放番貨如舊萬曆
中國王卒無子族衆争立相誅殺且盡乃立女主
爲王今稱大泥隸暹羅嘗與回回錫蘭山國各附
舶香山濠鏡澳貿易貢物有寶珠梅花龍腦生玳
瑁黑小厮倒掛鳥產鶴頂吉貝西國米萪藤其國
以版爲城王所居覆以貝多葉坐繩牀出則擁大
布单衆舁之名阮囊地熱多風雨有麻稻無麥蠶
絲飲椰子酒鳴鼓擊鉦爲樂宴敬華人醉者輒扶
以歸婚聘先以酒次檳榔又次指環或金錢成禮

以十二月七日爲歲節習戰鬭鑄銅甲若火筒護腹背國有藥樹煎其根爲膏服之及塗體兵刃傷不死瘞用棺以竹轝載棄山中二月始耕祀之如是七年不復祀矣市率用金錢以竹編貝葉貯食

南巫里

南巫里小國隷渟泥自蘇門答剌舟行三晝夜至龍涎嶼獨峙南巫里洋中東距黎代西北距海南連大山山南際海僅千餘家皆囘囘人俗朴少穀食魚蝦市用銅錢王居類樓甚嚴潔西北海洋中

有帽山平頂上人稱爲那沒黎番舶皆以此山爲指南山下淺水有珊瑚大者高二三尺枝婆娑可愛依山居人數十家皆稱阿孤槎華言王也永樂中入貢產降眞香黑珊瑚又南泥利國其王馬哈麻沙亦於永樂中遣使入貢或云卽南巫里

蘇祿

蘇祿國在東南海中近浡泥瑣里其國分東西峒凡三王各不相屬東王爲尊西峒二王次之永樂十五年東王巴都葛叭答剌西王麻哈剌吒葛剌麻丁峒王叭都葛巴剌卜並率其屬三百餘人奉金縷表來朝貢珍珠玳瑁諸物賜王冠服蟒玉金帶鈔幣各給印誥即所部封爲王東王歸次德州卒命葬以王禮謚曰恭定賜祭 御製碑文樹墓道畱其妃妾傔從十人守墓令畢三年還國 勅

封其長子都麻含爲東王十九年遣使來貢貢道由廣東俗鮮粒食食魚蝦螺蛤釀蔗酒短髮纏皁縵織竹布煮海爲鹽貢物有竹布梅花腦米腦華茇今賈舶所至城頗據天險疑峒王所都聚落不滿千家項歲佛郎機屢擁兵攻之不能下其國有珠池入夜望之光浮水面夷人時從鮫室探珠滿袖賈舶至彼値歲多珠得一二攜歸獲利數十倍否則所償頓減毎返棹夷虜我他適輒畱數人爲質鄰近地名高藥饒有玳瑁

彭亨

彭亨國一名彭坑直暹羅西在東南海島中石崖崎嶇傍多平原望之坦迤如寨土沃候温宜稼穡饒蔬果而稀鳥獸誅茅覆屋木城廣可數里粒食誦梵經煑海爲鹽釀椰爲酒上下親狎恥爲盜椎髻繫單裙富家女子飾金圈四五于頂髮俗尚怪刻香木爲人殺人血祭禱以祈禳蠱漸於夷風矣

洪武十一年其王麻哈剌惹答饒遣使奉金葉表貢番奴及方物　賜綵幣永樂十二年復朝貢貢

物有金水鑵地產片腦諸香花錫今附舶香山濠鏡澳貿易或曰其國鄰柔佛柔佛之副王精悍徤鬧其子娶彭亨王女將婚副王送子之彭亨王張宴戚屬畢會婆羅王子者彭亨王妹壻也贅于彭亨時與席起爲壽手指一巨珠光耀異常副王心欲之王子固靳不予副王恚歸而治兵攻彭亨王與婆羅王子奔金山會浡泥王以妹爲王妃率衆來援副王焚掠其宮室去彭亨王命長子攝國隨妃往浡泥久之歸而次子驍弒父兄自立有婆羅

屬夷曰毛思賊每掠人口海上賣彭亨充崑崙奴云柔佛一名烏丁礁林王服帶雙刀諸酋望見王弃刀于地和南序立字用茭葦以刀刺之歲首以四月地不產穀椎跣喜兵彭亨丁機宜之間幾無寧日

、婆羅

婆羅國一名文萊負山面海爲東洋盡處西洋所自起俗素食念佛喜施惡殺民食猪肉論死有東西二王永樂四年各遣使朝貢貢物珍珠玳瑁鼓

錄四　一　藏板

焦布香蠟黑小廝相傳其國王爲閩人隨中使鄭
和往因留鎮焉王府旁有中國碑夷人婚娶請王
金印印背篆文作獸形云是永樂間賜然不載會
典或其王假以彈壓夷落非須自上方也王祝髮
褁金繡巾腰背雙劍步行其親屬稱邦奇蘭嚴重
亞於王向有石城木城各一以築岸閉潮折石城
於長腰嶼今止存木城先是佛郎機來侵國人走
山谷流藥水出佛郎機多爲所毒死因奔呂宋產
車渠片腦莉藤或曰即古師子國在西海中延袤

二千餘里多產奇寶四序暄和稱樂土宋淳化中
闍婆使者來言其鄰國有婆羅門者有異術人相
危害能先知之按宋史婆羅門即天竺也

第四

藏板

皇明象胥錄五

歸安茅瑞徵伯符撰

、滿剌加

滿剌加舊名五嶼直占城極南自舊港順風八晝夜至或云自東莞放洋至崐崘收龍牙門港二日程東南距海西北皆山地瘠鹵羈屬暹羅歲輸金四千兩向未稱國永樂三年其酋長拜里迷蘇剌遣使奉金葉表朝貢願內附爲屬郡七年中使鄭和齎　詔勅銀印封爲滿剌加國王請定疆域并

封其國西山俾暹羅無侵擾　詔封爲鎮國之山
賜　御製碑文勒石
上以尚書蹇義善書手授金龍文箋命書詔偶遺
一字義奏敬畏之極輒復有此
上曰此紙難得姑註其旁義曰示信遠人何惜是
上深然之復授箋更書九年王率妻子及陪臣五
百四十餘人來貢廣州驛聞命中使海壽禮部郎
中黄裳往勞
上御奉天門宴王　賜玉帶龍衣金銀器皿供帳

妃及子姓傔從各賚文綺有差遣使送歸國復郯
餞十年脩貢十二年王母來朝厚賜之宣德九年
嗣王西哩麻哈剌者復來朝貢優禮異它夷命工
部治舟遣歸正統十年後貢使數至道由廣東天
順三年王無答佛哪沙卒嗣子請封遣使册爲王
成化十年給事中陳峻等封占城王槃羅茶悅聞
爲安南所虜抵靈山不敢入遂以所賫挾假風汎
至滿剌加國互市誘其王入貢十四年復因其嗣
王馬哈木沙請封命給事中林榮行人黃乾亨往

冊還抵洋嶼遭風溺海死各廕一子入監讀書爾後遂罷封使正德中被佛郎機仇殺其王蘇端媽末見逐退休陂隄兵去復國嘉靖初遣使貢方物給賞如例八年廣東以擒勦佛郎機并絕安南滿剌加諸番舶兵部議廣東原設市舶司應聽如舊許之二十七年巡視浙福都御史朱紈報海夷佛郎機行刼漳州界大破之走馬溪尋以御史疏糾濫殺命兵科都給事中杜汝禎往勘奏前賊係滿剌加國番人私招沿海無賴往來販鬻拒殺與紈

奏異絖竟得罪死考其俗淳朴尚回回敎王白帛
纏首衣青花袍躡皮履乘轎男女椎髻短衫圍白
布膚黑漆間有白者唐人種也候朝熱暮寒無它
產有山泉流爲溪於溪中淘沙取錫煎成塊曰斗
錫民以淘錫網魚爲業及織芭蕉簟屋如樓閣用
木高低層布聯榻趺坐王居飾以錫箔婚喪大類
爪哇物價視華五倍山有黑虎視虎差小或變人
形白晝入市鼉龍高四尺四足身負鱗甲露長牙
遇人嚙卽死旁海人畏之貢物有金母鶴頂白麂

黑傢鎖服花縵黑小厮番鹽錫今其國爲佛郎機所據訛稱麻六甲或云卽古哥羅富沙往滿剌加入龍牙門蓋山門相對若龍牙中通船南有涼傘礁俗以擄掠爲豪遇番船多擁小舟迎刼非順風罕有脫者

、佛郎機

佛郎機在海西南近滿剌加向不通中國正德十二年其酋秩立遣使三十人入貢請封至廣東守臣以其國不列王會羈使以聞 詔給方物直遣

歸使者畱東莞刼行旅至掠食嬰孩廣人苦之守
臣勒水兵攻勦乃遁會滿剌加愬佛郎機攻逐其
王御史丘道隆何鰲相繼疏請驅絶後諸番夷舶
并不之粤潛市漳州从之兵部議滿剌加諸國通
市不宜槩絶請禁漳而收之于粤報可嘉靖二年
佛郎機人別都盧等擁衆千餘破巴西國遂寇廣
東新會縣守臣勦擒之生得別都盧等四十二人
詔梟境上二十六年寇漳州私市浯嶼海道副使
柯喬禦之遁去四十四年有夷目啞嗏唎歸氏者

浮海求貢初稱滿剌加國已復易嗣稱蒲麗都家
兩廣鎮巡以聞下禮部議南番無所謂蒲麗都家
或佛郎機所託也行鎮巡詳覈為謝絕相傳其國
頗富饒多畜犀角象牙珠貝胡椒身長七尺高鼻
白皙鶯嘴猫眼鬚捲而髮近赤亦多髠首薙鬚貴
者戴冠賤者頂笠見尊長撤去之着衫袴垂至踁
皮履衣服用鎖袱西洋布瑣哈剌氈華絜俗信佛
喜誦經每六日一禮佛先三日食魚為齋至禮拜
日雞豕牛羊不忌手持紅杖□行飲食不用匙筯

富者食麵貧與奴僕食米婚娶論財責女奩貲數倍無媒妁請佛前相配以僧爲證謂之交印國有大故亦多與僧謀人死貯布囊以瘞所畜半入僧室市儈互易搦指節示数累千金不立文字指天爲約無敢負相會則交捫心誤捫首勃然忿爭或詈辱及子孫父祖家長輒以死鬭性兇狡嗜利善大銃中人立死嘉靖初廣東巡簡何儒嘗招降佛郎機人得其蜈蚣船并銃法以功陞上元簿蜈蚣船底尖面平不畏風浪用板捍蔽矢石長十丈濶

三尺旁架櫓四十餘置銃三十四約每舟撐駕三百人櫓多人衆雖無風可疾走銃發彈落如雨所向無敵其銃用銅鑄大者千餘斤因名曰佛郎機然唯夷人精用之中國不及也

、呂宋

呂宋國在東洋中國甚小以產黃金故富厚人勤朴不喜爭訟交易不立契書身衣衫袴足穿皮屨出入佩刀自衛亦時禮佛誦經洪武五年同瑣里諸國貢方物永樂三年遣使朝貢賜文綺命廣東布政司宴勞萬曆四年助討逋賊有功來貢道福建其地去漳近故多賈舶令附香山濠鏡澳貿易而中國通倭者率闌入呂宋以爲常初佛郎機從大西來自稱干系蠟國與呂宋互市因上黃金爲

錄五　藏板

王壽求地如牛皮大葢屋王許之佛郎機乃剪牛
皮相續爲四圍求地稱是王重失信竟予地月徵
税因築城營室列銃置刀盾久之圍呂宋殺其王
而地併於佛郎機矣其國王遣酋來鎮数歳一易
華人販呂宋旣夥畱居澗内名壓冬寖至数萬萬
曆二十一年八月酋郎雷氏敝裏系勝征美洛居
以華人潘和五等二百五十人從夷偃臥船上令
華人日夜駕船稍倦輒箠殺之潘和五等不勝荼
苦謀夜半入臥内刺酋持其頭大呼夷驚起碎易

悉赴水死和五等盡獲金寶兵器駕其船回失道走廣南爲交酋所掠竟被留獨郭惟太等三十二人得歸明年酋子郎雷猫吝從朔霧往代遣僧來閩訴時都御史許孚遠疏聞因以禮遣僧置惟太等于理始夷故奴視華人至是釁益結而中朝釆金之使四出妄一男子張嶷且詭稱呂宋機易山多生金豆也三十年詔閩遣海澄丞王時和往勘酋聞大駭華人流寓者爲游說結蓬爲厰如公署夷亦令僧散花道旁迎使者盛陳兵衛邀丞入爲

設食問丞華言開山山各有主安得開且金豆生
何樹丞数目嶷嶷無以應夷大笑欲兵之華人曲
解釋登舟丞悸死嶷坐誅傳首海外然夷益疑華
人且啓疆決計殲諸流寓矣明年遂謬言將征他
島凡華人寸鐵厚鬻之華人利其直無持寸鐵者
乃剋期攻華人華人覺走屯菜園八月朔夷攻殺
無筭華人羣聚大崙山饑甚夷復擊殺萬餘横屍
枕籍存者三百人耳是月漳亦大水填之夷悔禍
下令招撫籍華人貲移書閩當路俾戚屬往領貲

船復稍稍去三十三年　詔遣商諭呂宋無生事端其後留者復成聚云或曰呂宋捐連曰吶嗶嘽在海畔稍紆入山曰沙瑤其俗椎髻跣足耳穿大孔垂金鏈衣錦綺多剪服之扆奉佛所至拜寺以兩手和南尤嚴男女之禁有與妻嘲笑即從以刃盜無大小論死其人願抵家別者聽及期妻子送詣酋登高棚自剖腹死孕婦以水灌之所生子置水中築版爲城覆茅爲屋又有班隘者即畝罩山山頭火光不斷亦名火山奇險不可到人多扁頭

亦身不受佛郎機部署此皆呂宋鄰壤諸夷也佛郎機未據呂宋時先娶朔霧與其國人親好其破呂宋朔霧與有力焉今以一大酋擁重兵守之且通婚媾亦居然一附庸矣

、和蘭

紅夷自古不通中國與佛郎機接壤時駕大舶橫行爪哇大泥間及聞佛郎機據呂宋得互市香山澳心慕之萬曆二十九年忽揚帆濠鏡自稱和蘭國欲通貢澳夷共拒之乃走閩閩人李錦久客大

泥與和蘭習說其酋麻韋郎曰若請市無以易漳漳海外故有彭湖嶼可壘而守也寀璫在閩若第謹事之計無不取如携者三十二年七月遂詐爲大泥國王書移閩當事及中貴人高寀而以巨艦尾至彭湖時海上汛兵俱撤夷伐木駕厰如履無人之境而李錦徐挐漁艇附入漳詭爲所擄脫歸當事繫錦及前所遣猾商潘秀令諭夷還自贖已併遣材官捧檄往乃多賫酒幣覲厚償海上奸氓又潛移華貨私與市夷益生心覰望而寀璫已羶

夷賄許以三萬金爲壽與尋盟會當事所遣往諭材官沈有容雅饒才略從容諭夷多中窾其酋麻韋郎頗心動衆露刃相挾沈厲聲折之爲語塞因僅以夷刃及玻瓈等器遺瑞求市已而當事嚴禁兵民接濟疏請聲勦夷度坐困竟以十月間遁勾引錦秀等論如法旋奉

旨傳諭大泥國移檄和蘭無爲細人所誤維時閩海幸復寧謐而本夷從此習華境曲折心不能無覬兼之海上利夷金錢勾引實繁有徒四十五年更從呂宋港口迎擊

華商爾後遂大入彭湖據爲三窟矣其人深目碧
瞳長鼻赤髮閩人因呼爲紅毛番又稱爲紅夷云
舟長可三十丈横廣五六丈樹五桅凡三層旁鑿
小牕置銅銃以俟桅下大銃長二丈餘中虛如四
尺車輪云發此可洞石城震数十里非敵迫亦不
輕施也舵後銅盤大徑数尺往來海道不迷稱照
海鏡奉事天主甚謹每役使烏鬼行巨濤中如平
地或云紅夷富金錢遇華人貨當意輒厚償不甚
較直海上貨爲紅夷售則價驟涌其來領國母錢

巨萬求開市不習戰已因中國驅逐始募倭衝鋒所恃獨銅銃其舟既大亦不便囘旋可以計破今紅夷銃法盛傳中國佛郎機又爲常技矣

、美洛居

美洛居國於東海中稍稱蕃富酋出盛威儀所部合掌伏道旁男子祝髮女椎結腦後多市中國酒器豪飲席間設二大盆盛酒人手一器飲之長大者起爲夷舞年少環視遜不敢登場也初佛郎機來攻願歲輸丁香請降遂赦使自爲守紅夷既鴟

張海外忽以舟師直擣城下虜其酋語曰若攻事吾殊勝白頸以佛郎機人頸皆白故云酋袖手聽紅夷唯謹佛郎機聞而急治兵討違命者會紅夷去國内空因誅紅夷所立酋更立素所親信已而紅夷繼至復逐之去歲相攻殺遞爲雄長華人流寓者辨有戶因爲游説中分兩國相界處一高山以山北屬和蘭山南屬佛郎機遂各罷兵然自是其國苦兩屬貢舶亦饒舌矣所產多丁香夷人用以辟邪東洋獨此地多有之

錄五

藏板

、蘇門答剌

蘇門答剌一云即須文達那國東南大山西北距海龍涎嶼西去一晝夜程乃西洋要會或曰漢條支唐波斯大食即其地也自滿剌加西南行順風五晝夜至答魯蠻村舍舟陸行十餘里至其國無城郭有大溪入海海口濤惡善溺舟洪武中遣使奉金葉表貢馬及方物永樂三年其酋宰奴里阿必丁遣使朝貢　詔給印誥封爲蘇門答剌國王五年使來貢頃之王與花面王戰中矢死子弱其

妻號于國曰能復讎者我以爲夫與共國事有漁翁率衆殺花面王王妻遂從焉以何故王假子攻殺漁翁王子蘇幹剌奔峭山永樂十一年中使鄭和擒假王送京伏法諸番震服宣德中貢使數至用金葉表十年封其子嗣王成化二十二年番商馬力麻詐稱蘇門答剌使臣私販易廣東右布政使陳選發其奸抵罪是後閒一朝貢貢物有犀牛龍涎水晶石青回回青或曰今其王再易姓大治宮室凡六門門不得闌出入王出乘象鹵簿傳呼

甚盛法嚴於他國俗頗淳椎髻裸體腰圍色布剃獨木爲舟漁海上土產類滿剌加田瘠穀少熟胡椒蔓生番舶往來貨克牣市用金錫錢酋長好殺輙取人血浴釀茭樟子爲酒其國一名啞齊有山連阿魯那孤兒黎代三國花面王者即那孤兒王也國小僅比大村可千餘家以墨刺面爲花獸狀故名花面風俗大類蘓門答剌山產硫黃

阿魯

阿魯國在西南海中一名啞魯自滿剌加順風三

晝夜至風俗氣候大同蘇門答剌土瘠產薄種蕉椰子爲食男子裸體圍梢布常駕獨木舟入海捕魚或山行採米腦香物售商舶防身以藥鏃弩永樂五年其王速魯唐忽先遣使附古里諸國朝貢令中使往賜王文綺貢物象牙熟腦或曰淡洋與阿魯山接山圍繞有港通大溪千里奔流出海味甘淡舟人往來汲之名淡洋田肥禾盛米粒小而香東西竺歲仰食焉

黎代

黎伐小國南連大山北際海西距南泥里東南連那孤兒居民千家推一人爲首領隸蘓門答剌言語服用皆同山多野犀

、賓童龍

賓童龍國與占城接按宋史爲賓同朧國至道三年嘗偕大食國使來朝其國北接蘓門答剌有雙澗水清徹佛書所云舍衛乞食卽其地也目蓮居址尚存風土大類占城編茅覆屋酋首出入乘象馬親喪持孝服擇僻地以葬產伽南香象牙

錄五

藏板

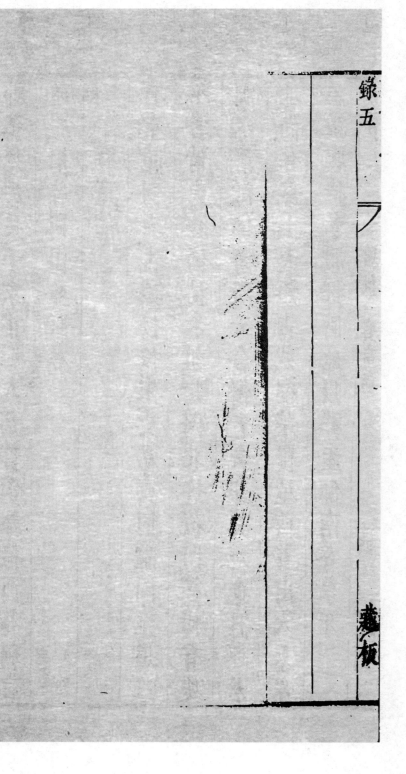

錫蘭山

錫蘭山與柯枝國對峙以別羅里爲界自蘓門答剌順風十二晝夜至占城極西可望見焉番語高山爲錫蘭因名或曰即古狼牙須國梁天監中嘗奉表修貢表稱大吉天子足下其國去廣州二萬四千里在南海中海中有翠藍山最高循山東南乘風三日至赤卯塢人宂居祼形網魚蝦種芭蕉椰子爲食又西循海行十日至佛堂山泊舟有大磐石印足跡三尺許水不涸相傳先世釋迦佛從

翠藍嶼來登躡跡尚存山麓有卧佛寺稱爲釋迦
涅槃眞身佛榻華飾有舍利子又西北陸行五十
里抵王居王尚釋重象及牛煆牛糞塗體飲牛乳
不食其肉有殺牛者罪死地廣人稠宜稻聚百物
富饒亞爪哇山產水晶青紅寶石黃鴉鶻石每大
雨衝流沙中拾取之海旁有珠簾沙光浮動射日
間歲淘珠諸番貿爭來市市用金錢國人去鬚留
髮纏首穿長衫圍單布梁書稱狼牙王先奔天竺
俗袒而被髮以吉貝爲干縵王及貴臣加雲霞布

覆髀金繩爲絡帶金環貫耳女子被布瓔珞繞身王出乘象蓋近天竺教云永樂九年中使鄭和賚詔諭西洋諸國歸經錫蘭山其王亞烈苦奈兒負固謀發兵絶歸塗和先發銜枚襲擊虜其王獻俘闕下釋之擇立其屬賢者十年封耶巴乃那爲王正統十年遣使貢珠寶石天順三年復來貢貢物有珊瑚硫黃乳香沒藥藤竭碗石

覽邦

覽邦國地多沙礫麻麥外無它穀山坦迤無峯巒

水亦淺濁俗好佛喜賽祀有駝馬牛羊市亦用錢洪武九年國王昔里馬哈剌札的剌札遣使奉表來貢永樂宣德中附鄰境貢方物有胡椒蘓木檀降香孔雀或曰其國好食人故覽邦港口船無維纜者外有小嶼名奴沙牙近嶼打水用丁午針六更望錫蘭山不遠

溜山

溜山亦名溜山洋國自錫蘭山別羅里南去順風七晝夜至其山四面濱海如洲在西海中有石門

三遥望如城闕中可過船入溜稍大餘小溜無慮三千土人曰此弱水三千也舟行遇風入溜卽溺人率依山巢居穴處或網溜洋大魚曬以代糧拳髮穿短衫圍梢布亦多裸形紉樹葉蔽前後產龍涎香貨用金銀段帛磁器米穀溜山傍有牒幹國皆回回人俗淳業漁好種椰樹其椰皮結繩可貫板成舟塗瀝青堅如鐵釘鮫魚一名溜魚織絲帨甚工緻亦有織金帨永樂中國王亦速福遣使來

朝貢

五

藏板

柯枝

柯枝一名阿枝古槃槃國東連大山西南北背海自錫蘭山西北舟行一晝夜至通古里國界永樂二年國王可亦里遣使朝貢十年復至請封其國大山詔賜王印誥并封山曰鎮國

上親製碑文其銘曰截彼南山作鎮海邦吐炯出雲爲下國洪龐特其雨暘肅其煩熇作彼豐穰袪彼氛妖庇于斯民靡災靡沴室家胥慶優游卒歲山之壍兮海之深矣勒之銘詩相爲終始會中使

鄭和使至其國王首纏黃白布下縈絲帨束絲壓
腰瑣里人也國人椎髻短衫圍以單布族有五種
南毘最貴祝髮綫懸脛與王同類次回回人次富
有財曰哲地次牙儈曰革全其最卑賤曰木瓜木
瓜居瀕海業漁樵屋簷不得過三尺衣不蔽膝或
裸體遮以草遇南毘哲地蒲伏俟其過乃起王尚
浮屠範金爲佛每旦鳴鐘皷汲泉灌佛頂數四乃
禮之兼敬象牛有曰濁肌者胎髮縷縷垂後塗體
以牛糞灰行吹大螺妻隨之乞錢蓋優婆夷云氣

候常暖多雨土瘠俗淳産胡椒貯以倉轉售商販
市用小金錢名吧喃銀錢十五當金錢一

小葛蘭

小葛蘭國其東大山連赤土與柯枝國接境西南北皆海自錫蘭山別那里西北海行六晝夜至候熱土瘠仰傍葛剌國米為食風俗小淳多囘囘喃吡人尚浮屠重牛象飯和酥酪婚喪巾服大類錫蘭山地産胡椒市用金錢大者名儻伽重八分小者名吧喃小錢四十准大錢一永樂五年附蘇門

答剌等國朝貢貢物珍珠傘白綿布胡椒尋中使鄭和至其國王瑣里人復遣使入貢又有大葛蘭國與都欄樵相近土黑墳宜穀麥居民懶事耕作歲賴烏爹之米爲食

、木骨都束

木骨都束國瀕海自小葛蘭順風二十晝夜至地曠田瘠或數年無雨穿井極深絞車以羊皮袋水俗嚚習射富者附舶遠買貧民網海魚爲食男子拳髮四垂腰圍梢布女人髮盤於腦黃漆光頂耳

掛絡索項帶銀圈纓絡垂胷出則單布兜遮靑紗蔽面足履皮鞋永樂中嘗朝貢產乳香龍涎金錢豹

卜剌哇

卜剌哇國與木骨都束國接自錫蘭山別羅南去二十一晝夜至居傍海壘石爲城業漁無田耕藝稀草木瓜茄廣斥鹵有鹽池但投樹枝良久撈起凝白鹽其上拳髮穿短衫圍梢布婦女耳帶金錢項掛纓絡產馬哈獸狀如麞獐花福祿狀如花驢

錄五

永樂中嘗遣使朝貢

藏板

古里

古里縮西洋諸番之會西瀕海南距柯枝自柯枝海行可三日至或曰從錫蘭山取道順風十晝夜至亦海中一大國也去中國十萬里土瘠然宜麥穀俗麗厚以石灰畫地爲禁傷海爲市通諸番貨用金銀錢好馬自西番來匹價金錢千百胡椒多貯倉廩以待商販男子長衫首纏白布婦女短衫圍色布兩耳懸金牌絡索項掛纓絡臂腕足脛用金銀鐲以葫蘆爲樂器紅銅絲爲絃歌聲相協鏗

鏘可聽王好浮屠敬象牛老不傳子傳外孫否則傳弟無外孫弟傳善行人永樂三年其酋沙米的遣使朝貢　勑封爲古里國王給印誥五年七年並朝貢貢物有琉璃㧜挽珊瑚珠拂郎雙刃刀番花人馬象物手巾嘗貢金絲寶帶金絲細如髮結花綴八寶珍珠鴉鶻石於上鄰有坎夷巴國出撦黎布五色帨皆濶四五尺鬻于古里　又古里班卒國在海中永樂三年遣使來朝貢俗質朴男女被短髮假錦纏頭紅紬布繫身土瘠少穀氣候不

齊夏多雨雨卽寒產甚薄

、忽魯謨斯

忽魯謨斯在西南海中東連大山自古里國十晝夜至土沃民饒廣麥少穀壘石爲城堊山五色皆鹽鑿爲盤碟因飧焉男子偉貌拳髮穿長衫善騎射女子編髮四垂漆頂出則布幔兜頭用青紅紗布蔽面兩耳輪掛絡索金錢數枚以青石磨水點眼眶唇臉花紋爲美飾市用金銀錢產珍珠寶石金珀龍涎香撒哈剌羢毯或曰產大馬西洋布駝

雞福祿靈羊喜作佛事歌舞俗頗淳直永樂三年
遣使來朝貢方物及駝雞
上命侍臣金幼孜爲之賦駝雞如鶴長三四尺脚
二指毛如駝行亦如之其國又云忽魯母恩或曰
忽魯母恩國小土瘠產薄在東南海中皆莫攷

、祖法兒

祖法兒國又名左法兒自古里西北海行十晝夜
可至東南皆海西北重山壘石爲城屋高三四層
亦石砌狀如塔田廣而饒土黃赤不生草木民漁

海爲生氣候常如秋俗頗淳尚回回敎王白布纏首衣青花絲帨或金錦袍靴履乘轎跨馬前後列象駝吹篳篥女人出以布蒙頭面市用金銅錢文如人形永樂中王亞里遣人來朝貢宣德中復至產西馬鶴頂駝雞福鹿片腦沉香乳香乳香即樹脂以易中國磁器紵絲駝單峯雙峯皆可乘或云其國無城郭產金錢豹

阿丹

阿丹國逅古里瀕海可舟行或曰自古里國順風

二十晝夜至土沃豐粟麥壘石爲城有馬步勝兵數千俗拳髮穿長衫婦女出不露形用青紗蔽面布帽兜頭兩耳垂金錢數枚項掛纓絡產千里橐駝黑色花驢羚羊自胷至尾垂九塊名九尾羊永樂九年遣中使鄭和往　賜命互市古南荒有丹丹國疑卽此或曰其國善推算歲無閏月市易有赤金紅銅諸錢嘉靖時造方丘及朝日壇玉爵購紅黃玉於天方哈密諸夷不得通事撒文秀言二玉產在阿丹去土魯番西南二千里其地兩山對

峙自爲雌雄或時自鳴請依宣德下番例賞重賜
往購
上竟從部議已之　又阿哇國永樂中王昌吉利
嘗遣使朝貢

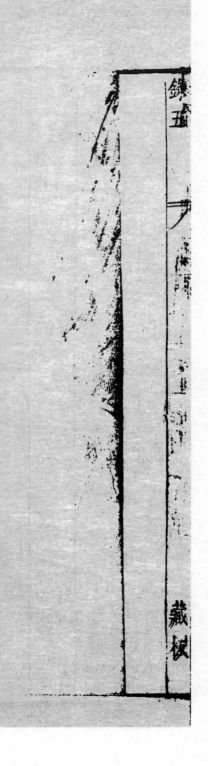

、古麻刺

古麻刺國在東南海中永樂十八年國王幹刺義亦敦奔率妻子及陪臣來朝貢方物請封給印誥令仍舊號次福州卒　賜謚康靖勅葬閩縣有司歲時祭焉或曰麻刺國有州百餘佛宇至四千區向未通中華其南有層拔國在大海中西接大山其人大食種纒青布躡皮鞋地多巖谷少寒産象牙生金

、西洋瑣里

西洋瑣里國瀕海近瑣里坼爲差大洪武三年其
王別里提奉金葉表貢方物賚予甚厚永樂元年
復遣使朝貢
上諭海外遠夷附載番貨其勿征二十一年西洋
十六國遣使千二百人貢方物西洋瑣里貢物獨
著其貢有黃黑虎兜羅綿被

、瑣里

瑣里西海中小國洪武五年其王卜納的遣使奉
金葉表貢方物并圖上其土地山川　賜大統曆

金幣永樂元年復遣使朝貢貢物有紅撒哈剌諸
異布

、淡巴

淡巴國在西南海中或曰卽古狼牙脩國非也洪
武十年國王佛喝思囉遣使奉表朝貢　賜金幣
其國土廣景秀泉甘水淸饒草木孳畜石城瓦屋
市肆棊置輿馬威儀甚都國人勤治生稀寇盜耕
紝各有常業居然樂土貢物𦶜布兠羅綿被沉速
諸香胡椒

、甘巴里

甘巴里又名甘把里國在南海中大島上人多織錦粒食亦鮮食永樂十二年國王兜哇剌查遣使朝貢或曰甘巴里小國介西南海中不通鄰境交易產薄用窘然奉佛亦不求積聚

、討來思

討來思在海中周徑不百里城近山山下有水赤色望之如火俗尚佛主家事以婦人市多駝羊馬牛亦有布縷毛褐交易用錢土宜麥穄無稻穀宜

德六年朝貢

、勿斯里

勿斯里國所轄州一十六村落三百六十每村供國用一日王白皙纏首着衫出入乘馬儀從甚都導馬三百匹金鞍寶轡虎十頭縻以鐵索臂鷹挾劍以從多至千百人有大塔高二百丈國被兵則據塔拒敵可容二萬衆蓋亦勁國云或云其國百年不一雨有天江水極甘每溢可浸田水過而耕莫知其源也江上有鏡它國盜兵來輒先照之

木蘭皮

木蘭皮國在西海中自大食國舟行正西涉海百餘日方至一舟容萬人中有酒肆機杼舟之大無過木蘭者物產亦異粒長三寸瓜圍六尺香橼桃榴並巨胡羊高数尺尾大如扇春割腹取脂縫合仍活秋風忽起人獸急就水飲稍遲渴死

打回

打回海外小國永樂三年遣使朝貢其國数苦鄰境侵逼已乃治兵與戰獲勝稍得自立

、咭呤

咭呤小國居海島中白布纏首身穿小袖長衫食以手忌豕肉見華人食輙厭其穢與順哈並不通朝貢附船香山濠鏡澳貿易産胡椒蘇木荳蔻象牙

、順哈

順哈亦海島小國也人醜而黑衣布帛飲食生熟相半婚姻不論貴賤意合則從産胡椒象牙丁香荳蔻、

會典載永樂中朝貢又有

急蘭丹國　奇剌尼國

夏剌比國　窟察尼國

烏涉剌踼國　魯密國

彭加那國　捨剌齊國

八可意國　坎巴夷替國

剌撒　喃渤利

千里達　沙里灣泥

論曰海上諸國占城暹羅爲大　明興並受職貢

而占城助征安南暹羅協攻緬悉索敝賦以從王師無忝外臣矣浡泥蘇祿其王入覲闕庭竟以身殞而 天朝寵以華諡至今奉祀不絕有以夫四夷慕義梯航踵接也自佛郎機紅夷薦食外洋而满剌加呂宋並爲易社鯨波時沸牛耳狎主而賈舶往來直趨死地如騖且勾引內訌罔惜啓疆小人擅利亦何異藏珠而剖腹者哉余讀東西洋考至機易金豆彭湖尋盟爲低回太息

錄五

藏板

皇明象胥録六

歸安茅瑞徵伯符撰

哈密

哈密古伊吾廬地自秦攘卻戎狄西不過臨洮至漢武始築令居以西置酒泉及武威張掖燉煌四郡開玉門通西域斷匈奴右臂隔絕南羌月氐由是單于失援遠遁而幕南無王庭王莽後西域復役屬匈奴明帝取伊吾廬地置宜禾都尉屯田再通西域自建武至延光三絕三通從燉煌西出玉

門陽關涉鄯善北通伊吾千餘里從伊吾北通車師前部高昌壁千二百里爲西域門戶伊吾地宜五穀桑麻蒲萄其北栁中並膏腴漢常與匈奴爭車師伊吾制西域焉晉爲凉州牧張實竊據歷後魏西域復通隋煬帝因裴矩進圖記躬度玉門關置伊吾且末鎮唐初名西伊州貞觀六年更號伊州伊吾郡隷隴右道安氏之亂盡沒吐蕃大中後張義潮以瓜沙伊肅等十一州來歸五代曰胡盧磧小月支遺種仲雲居之史稱卽漢屯田處地無

水而常寒多雪每天煖雪銷乃得水在沙州西元
封其孽忽納失里爲威武王頃之攺封肅王卒弟
安克帖木兒嗣 國初於張掖置甘州五衛酒泉
置肅州衛武威置涼州衛湟中置西寧衛別置衛
四爲山丹永昌鎮番莊浪千戶所三爲高臺鎮夷
古浪自陝西蘭州渡河千五百里至肅州肅州西
七十里爲嘉峪關永樂二年以安克帖木兒貢馬
詔封爲忠順王併即其地建哈密衛先後畫關以
西置衛七曰哈密曰安定曰阿端曰赤斤蒙古曰

曲先曰罕東曰罕東左而哈密最西東去肅州西
去土魯番各千五百里北數百里抵瓦剌以天山
爲界授夷目馬哈麻火只等指揮等官分居苦峪
城三年王卒無子兄子脫脫俘蠻夷邸命護歸嗣
王賜金印誥命以地當西域咽喉天方等三十八
國入貢必取道哈密令譯上諸番貢表偵察向背
用華人爲長史紀善稍眎內藩而部夷雜居有回
回畏兀兒哈剌灰三種各立都督佐之四年賜王
脫脫及其祖母速哥失里母妃等綺幣是歲王爲

祖母所逐勅復立爲王六年王脫脫及祖母各遣
使朝貢而脫脫以沉湎衆不附九年卒勅都指揮
哈納爲都督僉事守哈密是歲封脫脫從弟免力
帖木兒爲忠義王賜印誥玉帶十二年行在驗封
員外郎陳誠使西域還言哈密城在平川可三四
里東北二門王稱速檀有衆數百戶多蒙古回回
種人城北大山餘三面並曠衍地鹻鹵宜稷麥豌
荳耕用糞壤產馬駝玉石鑌鐵大尾羊陰牙角俗
獷悍好利西域貢使經哈密輒索道路錢乃聽出

入洪熙元年貢硫黃
上諭虜中旣有火藥歸敵宜謹備因勑宣大總兵
知之宣德初遣使祭哈密故王免力帖木兒命其
侄卜答失里嗣封忠順王三年以卜答失里孱弱
復立免力帖木兒之子脫歡帖木兒嗣忠義王共
理國正統四年貢玉求紵絲予四表裏是時瓦剌
强數侵哈密哈密懼稍持兩端璽書諭毋背德終
不悛至拘留漢人轉鬻使至多暴横或毆死防護
軍較邊臣請絕貢詔曲貸天順元年賜王朝服毋

妻罟婟冦四年賜紙金箔薑桂茶碧而忠順王再傳爲孛羅帖木兒天順末見弑于其酋者林無子王母弩溫答失力署國事遭虜亂加思蘭殘破國人奔潰來貢動以千百意邀宴賞郵傳煩疲供給成化元年從禮部尚書姚夔等議令哈密歲一貢以八月初旬驗放入關多不過三百人內起送三十人赴京其土魯番亦力把力等或三年五年入貢經哈密者及期偕來無過十人勑哈密王母撫緝流亾稱朝廷厚意二年兵部奏王母以虜亂加

思蘭侵掠避居赤斤苦峪今虜退宜勅復還哈密報可三年以把塔木兒爲右都督守哈密把塔木兒本畏兀族故忠義王脫歡帖木兒外孫也八年把塔木兒死子罕慎赴京嗣都督貢駝馬加賞而土魯番時强盛控弦可五萬其速檀阿力尤雄黠九年挾哈密掠赤斤諸夷王母不從遂見虜及劫金印去罕慎寓苦峪城甘肅撫臣婁良以聞兵部尚書白圭言哈密爲我西藩土魯番無故凌奪不救則赤斤諸衛盡爲蠶食嘉峪外皆敵疆而禍中

甘肅寢深請集廷議恢復會昌侯孫繼宗等議遣
使諭諸衛以唇齒輔車及乘速檀阿力入貢　賜
勑令自新因舉高陽伯李文右通政劉文習夷情
勑往甘肅規復哈密文等至則調罕東赤斤番兵
數千駐苦峪不敢進謬言阿力欲乘虛擣二衛空
還兵自爲守而弛擔入朝阿力始輕中國益侵內
屬諸夷十二年遣使赤見米郎等來貢且致書鎮
巡飾罪稱王母已死須朝使至即歸金印城池然
特謾語枝梧殊無還意其冬更鑄哈密衛印賜罕

愼明年於苦峪立衛居之給土田及牛具穀種十四年阿力死子阿黑麻稱速檀年尚穉甘肅撫臣王濬請乘間納罕愼十八年罕愼入哈密嗣忠順王罕愼貪殘國人觖望西域諸貢使苦要索亦有違言二十三年瓦剌酋阿沙赤等相讐殺西走據哈密尋引去弘治元年奸回誘阿黑麻攻哈密阿黑麻亦壯乃曰罕愼非脫脫族安得王王故應我徉好語罕愼聯姻至哈密城下項經盟誘殺之亦未敢領言據哈密遣使入貢請代領西域職貢且

乞大通事往和番兵部尚書馬文升議阿黑麻與
哈密各有分地安得相併以北虜之强我屢郤款
何小酋輙與我媾且憪然王也姑許照例入貢請
勑阿黑麻還王母及金印歸我哈密四年遣哈密
夷目寫亦虎仙齎勑諭阿黑麻時王母已死阿黑
麻亦悔懼上金印及所據城　詔褒予金幣陞寫
亦虎仙爲都督僉事文升謂夷俗重種類且服元
火哈密同城有回回等三種而北山又有小列秃
野乜克力强虜數枝侵逼必得元孽嗣封可懾諸

番乃行求忠順近屬得曲先安定王侄陝巴五年[illegible]據哈密三種夷目奄克孛剌等合詞奏保使嗣王輔以奄克孛剌阿木郎未給冠服諸番索賞陝巴不得阿木郎更勾引哈剌灰夷掠土魯番牛馬阿黑麻怒六年復以兵入哈密支解阿木郎虜陝巴及金印去事聞命兵部侍郎張海都督僉事緱謙經理之會阿黑麻前遣夷目寫亦滿速兒等四十餘人修貢至京事下廷議通事王英言罕東及野乜克力諸夷怨土魯番次骨撫而用之皆吾兵

也西域使者方扣關倚互市為利我聾阿黑麻罪
謝勿與通令彼窮而歸怨皆吾閒也而廷議皆欲
命海以檄往如土魯番歸陝巴聽予貢否即留前
使勿遣而絕其後使
上從之海等至甘州遣哈密夷齎勑往諭阿黑麻
歸陝巴不報乃修嘉峪關捕哈密奸回通阿黑麻
者二十餘人戍廣西請絕西域貢七年春海等不
俟命輒還
上怒其無功且不進圖本並逮下獄海降山西叅

政謙閒住文升請安置前使爲亦滿速兒等於閩廣稍用王英策閉嘉峪關令西域諸夷歸怨阿黑麻以孤其勢而阿黑麻復入哈密自稱可汗大掠罕東諸夷諜言用雲梯攻肅州且躪甘州文升曰是直以虛聲恐喝耳土魯番至哈密十數程中經黑風川哈密至苦峪又數程皆絕水草貢使往返馱水行我第整師旅謹斥堠俟彼至肅州出奇縱擊以逸待勞虜殆可盡須之阿黑麻西去令夷目牙蘭以四百騎據哈密文升曰是可襲而執也召

肅州撫夷指揮楊翥至計事撫其背曰汝習夷情悉西域道里今欲擒斬牙蘭筴安出翥言罕東有間道可進兵不旬日達哈密文升曰如若言以罕東兵三千爲鋒我師三千後繼各持數日熟食兼程襲之若何翥稱善文升卽屬甘肅巡撫許進如前筴調兵食遣副總兵彭清統銳卒由南山馳至罕東急令罕東諸番兵乘夜倍道襲牙蘭八年冬進及總兵劉寧抵肅州駐師嘉峪關外遲罕東兵不至乃偕彭清循大路行以水草乏絕不得馳牙

蘭調知宵遁惟餘番夷入百登臺自保師入哈密得陝巴妻女并牛羊三千斬級六十而還我士馬乏粮多物故文升以出師違節制徒取空城大失望議牙蘭不獲功無可錄獨軍士遠征勞苦宜陞賞

上念邊臣冒險出塞特陞進左副都御史加寧左都督清都督僉事而西域亦自是頗憚中國九年阿黑麻破哈密令夷口撒他兒及奄克孛剌住剌木城奄克孛剌密結兎剌小列秃襲斬撒他兒還

守哈密阿黑麻偏師合圍舉火示小列秃來援乃
卻走而奄克孛剌使來貢多請乞至許懇曹郎禮
部尚書徐瓊疏逐之十年秋阿黑麻以絕貢失互
市窘甚令其兄馬黑上書言西域諸國不得貢且
歸怨令悔過願還陜巴及金印易前四十餘使子
貢如故文升言虜挾詐俟陜巴金印至甘州始取
寫亦滿速等於閩廣是冬起前左都御史王越加
太子太保總制甘凉等處邊務經略哈密十一年
越出河西而陜巴至甘州令三種都督回回則寫

亦虎仙畏兀兒則奄克孛剌哈剌灰則拜迭力迷
失共佐陝巴奄克孛剌以罕慎弟與陝巴不協乃
妻陝巴以罕慎女結好是秋賜陝巴蟒玉大帽復
封爲忠順王釋寫亦滿速兒等西歸亾何越卒哈
密三種人久厭兵而哈剌灰以射獵爲生不願還
哈密文升請許留家之半肅州十二年春以兵護
陝巴歸哈密而土魯番諸夷許復入京朝貢勞賜
良厚陝巴嗜酒掊尅諸部阿孛剌等咸貳十七年
春更陰搆阿黑麻迎其次子真帖木兒來王哈密

陝巴棄城走沙州守臣遣指揮董傑及奄克孛剌往諭夷衆迎陝巴還阿孛剌不從傑等遂擒斬阿孛剌并其黨六人餘怖服乃别令都指揮朱瑄勒兵送陝巴復王而以真帖木兒還土魯番真帖木兒時年十三其母亦罕慎女也會阿黒麻死諸兒讐殺真帖木兒懼不敢還願依奄克孛剌守臣恐與陝巴嫌使居甘州而其兒滿速兒尋定國亂自立矣正德元年陝巴死子拜牙即嗣真帖木兒尚留未遣三年滿速兒稱速檀朝貢上書求真帖木

兒兵部議質所愛不予五年走出城追獲之七年冬令哈密三都督送真帖木兒西還八年春至哈密獨奄克孛剌止不行寫亦虎仙滿剌哈三護至土魯番以國情輸滿速兒潛誘拜牙即叛中國拜牙即淫暴心怵屬夷謀害欲挾奄克孛剌往不從奄克孛剌遂奔肅州拜牙即竟弃城走土魯番滿速兒令夷目火者他只丁及寫亦虎仙滿剌哈三取金印守哈密九年正月滿速兒率衆至分據剌木等城而河西大饑窘真帖木兒且謂甘州城南

黑河可引灌城日夜聚謀使甘肅遺番文鎮巡索
金幣萬贖哈密城印總制都御史鄧璋等以聞會
四川都御史彭澤甫平群盜詔移總督甘肅統
延寧固原諸鎮兵經略土魯番夷給事中王江等
言甘肅旣有總制宜罷遣不聽十年春澤至甘州
而土魯番寇赤斤苦峪恣殺掠復遺書索金幣澤
度滿速兒强未易兵定乃以繒綺二千白金器遣
通事火信同寫亦虎仙入土魯番說令和好滿速
兒喜許增幣歸金印城池澤不俟報輒上言事定

乞歸即召還掌院事滿速兒諜知兵罷益驕四出侵掠關外諸衛及結瓦刺寇我河西且遣使索所請增幣歸印十一年甘肅巡撫李昆以雜幣二百貽滿速兒令送拜牙即還國質留來使虎都六撒者兒察其意滿速兒聞質二夷怒令火者他只丁牙木蘭復占守哈密而身引萬騎犯肅州遊擊芮寧禦之敗沒亾七百騎虜迫城下哈密回夷居肅州城頗爲內應兵備副使陳九疇廉得其情收繫諸奸回及都督失拜煙答等凡褁甲者擒殺之嬰

城守調屬夷兵刼其老營而潛遣使結尾剌擣巢穴破其三城滿速兒狼狽走副總兵鄭廉及奄克孛剌尾擊再敗之瓜州九疇遂盡發寫亦虎仙傾陷哈密狀滿速兒復請和巡撫李昆以聞時方命彭澤及中使張永視師疏至罷遣而滿速兒實無意和九疇與昆異議兵部尚書王瓊脩郄澤雅右昆且心害九疇能日媒孽西北事奸夷覘知本兵指而失拜煙答子米兒馬黑麻方入貢在京巧賄權幸突入長安左門訟寃下錦衣衛會兵部三法

司奏行河西訊報瓊因發澤欺罔辱國及陳九疇
輕率激變罪十三年逮昆九疇王請廷鞫幾殺澤
九疇大學士楊廷和善澤得與九疇並削籍昆謫
浙江副使十四年刑部會訊并脫寫亦虎仙死
上幸會同館寫亦虎仙以秘術干進得賜國姓隨
上南征嘉靖改元復論斬死獄中而臺省交章劾
王瓊挾私忌功廷和陰主其中起彭澤爲兵部尚
書九疇亦以僉都御史巡撫甘肅瓊坐謫戍榆林
三年滿速兒大舉入寇以二萬騎入甘州九疇率

衆先登力戰解甘州圍乘夜倍道間抵肅州夾擊
破之殺火者他只丁衆譁滿速兒中流矢死矣遂
聞上河西危急
上方遣兵部尚書金獻民都督杭雄濟師至蘭州
聞提用九疇議遣發夷使閉關絕貢擢賞有差而
滿速兒故無恙也四年牙木蘭復據哈密使肅州
又入沙州起原任大學士楊一清督陝西軍務初
哈密二種避佹內徙一居肅州東關一居金塔寺
諸處九疇議移肅州北境棄地以杜後患一清以

各夷一旦外徙不北合瓦剌必西連察台徒足召釁議遂寢尋一清召入盡出平凉所羈夷使往諭土魯番令悔罪歸我哈密而楊廷和坐議禮罷彭澤亦去職諸新貴人張璁桂萼等用事方讐廷和知王瓊故怨之言哈密不靖由彭澤澤以廷和曲庇惟恐用瓊西鄙乃可寧也七年春起瓊兵部尚書兼右都御史代王憲總督瓊上書辨澤九疇事言滿速兒實不死按驗當九疇誣罔璁萼擬坐斬并罪廷和刑部尚書胡世寧力爭九疇雖上首功

失實然其人忠勇可任有功河西最爲土魯番所忌得謫戍邊勒澤及金獻民歸里時哈密當殘破後餘衆千餘丞入塞守臣撫存之歲給耕種以請乞頒兵備副使趙載稍裁額而滿速兒敗歸亦數使牙木蘭請款其年牙木蘭率衆內附牙木蘭者本曲先夷幼爲土魯番所掠黠而善兵滿速兒倚之與寫亦虎仙等專伺我虛實且數盜邊至是滿速兒令牙木蘭據沙州索羈留貢使且率帖木哥土巴攻肅州以遲回欲殺之牙木蘭愳率帳房二

千老稚萬人乞白城山金塔寺住牧未報土魯番
酋虎力納咱兒糾瓦剌侵肅州遊擊彭濬禦卻之
八年土魯番貢獅子願歸哈密城及所掠求牙木
蘭瓊奏哈密既歸乞令失拜煙答子米兒馬黑木
守」哈密貢使二十四人遣入京放所羈各番男婦
凡千人安插沙州土巴帖木哥部夷五千四百人
于白城山哈密都督叱吉孛剌部夷在肅州東關
赤斤都督掌卜達兒子鎖南束在肅州北山金塔
寺罕東都指揮枝丹在甘州南山下兵部議廷臣

頗言哈密難守詹事霍韜力言置哈密者離戎虜之交以藩屏內郡或難其守遂欲棄之將甘肅難守亦弃不守乎

太宗之立哈密因元遺孽力能自立借虛名以享實利今嗣三絕矣天之所廢誰能興之嘗於諸夷中求雄傑能守城印戢夷落者即因而立之無規規忠順後爲也胡世寧時爲兵部尚書言先朝不惜棄大寧交趾何有于哈密况初封忠順爲我外藩而自罕慎以來三爲土魯番所虜遂狎與戎比

而疲我中國士馬耗財老師轉令戎得挾以邀索
國初封元孽和寧王順寧王安定王王正與此等耳
安定又在哈密之內近我甘肅今存亾不可知我
一切不問而獨戀戀哈密者何也臣愚謂宜專守
河西謝哈密無煩中國便又言牙木蘭本屬夷歸
正安得索之土魯番所仗爲亦虎仙火者他只丁
今並斃而牙木蘭復來歸是無奈我何璁等力主
瓊議安插諸夷肅州境內獨留牙木蘭不遣如世
寧言瓊爲滿速兒風諭朝廷威德九年滿速兒遣

虎力奶翁及天方諸夷使貢方物復索牙木蘭謀
言倹奶翁歸卽約諸番侵肅州會虎力奶翁歸道
病死瓦剌又攻其鄙我稍息肩來降人言番酋欲
以哈密城與失拜煙答妻晋堲兵部因許通貢著
令三年或五年爲期夷使十二入京餘留塞上是
後名存哈密而金印遂失忠順王拜牙卽終不可
復亾何哈密竟爲土魯番所據安揷諸衛夷皆爲
薦食失故土住牧河西塞而北虜竊西海瓦剌巢
北山河西三面並苦寇盜哈密殘夷虎爾的等迫

求内附督撫王夢弼等疏請分發甘肅寄住哈密都督拜言孛剌等各部下鈐束選充夷軍通事食糧隨操守臣頻歲謹備羌胡無暇及關外事矣

赤斤蒙古

赤斤蒙古周西戎戰國月氐秦漢屬匈奴武帝取爲酒泉燉煌二郡晉屬郡曰晉昌唐初屬瓜州廣德後没於吐蕃宋入西夏元仍瓜州屬沙州路其地有白山饒草木禽獸產金駞馬肉蓯容胡桐律

國朝永樂二年故韃靼丞相苦术子塔力尼率所

部五百人來歸置赤斤蒙古千戶所以塔力尼爲千戶賜誥印尋陞衛進塔力尼指揮僉事十年叛寇老的罕走匿赤斤命右庶子楊榮同豐城侯李彬往討以道險艱轉餉罷制諭塔力尼明年遂擒老的罕來獻

上悅厚勞之進指揮同知以何卒子且加失旺嗣宣德七年命居所部韃人祖失加卜等于平凉正統五年且加失旺累陞都督僉事明年朝使往哈密不護出疆而都指揮華古者西略沙州勑諭收

圖以僞瓦剌乞內遷肅州白城山不許已請建寺其地守臣謂寻寺不已且寻巢卻之且加失旺卒子阿速嗣始瓦剌也先自阿速父時求婚至是要往受聘阿速以聞復請避地內徙　詔朕向許爾父自擇便往且見許赤斤世守地奈何棄之爾第保險自備無滋悔是時瓦剌強赤斤蒙古與沙州罕東諸衛名內屬然陰與虜市至受平章等秩累詰責不能禁十一年指揮同知鎖合者赴闕求携部歸命

上遣還下其事總兵任禮先是苦术娶于西番生塔力尼又娶于韃靼生瑣合者及革古者乃分所部爲三帳自領中帳而令塔力尼領左隷以西番人瑣合者領右隷以韃靼人至且加失旺父子相繼長赤斤部衆強欲併右帳因讐殺瑣合者以窘自歸頊之死子切塔兒嗣而哈密使者道赤斤爲部酋刼掠阿速不能戢我兵捕首惡械送京師景泰中阿速歷陞左都督五年瓦剌也先以書誘脅赤斤諸衛阿速白其書諭勿與通成化二年卒子

瓦撒塔兒嗣會哈密王母避居赤斤苦峪諭還故地六年從夷族請以瓦撒塔兒叔乞巴失加卜丁二人爲指揮僉事佐之明年瓦撒塔兒卒子賞卜達兒嗣十四年以幼懦衆推指揮加定晉秩代視事是後土魯番陷哈密恣掠赤斤其酋挈印并部落東徙肅州南山卯來河泉及迤北金塔寺正德十年土魯番侵甘州鹵赤斤人畜千計奪嗣印去以都御史彭澤撫賞送歸而種人散走塞下衛遂虛嘉靖七年兵部尚書王瓊議撫屬夷查赤斤部

可千餘人以賞卜達兒子鎖南奔襲父職朝貢

安定　阿端

安定韃靼別部也地廣袤千里東爲罕東東北抵古沙州産駝馬玉石俗以馬乳釀酒飲之亦醉廬用氈帳無城郭洪武七年撒里畏兀兒安定王卜煙帖木兒遣使來朝貢鎧甲刀劍　賜金綺分其酋長爲四部曰阿端阿眞苦先帖里各　賜印而卜煙帖木兒　賜銀印仍稱安定王明年獻元所授金銀字牌因置安定阿端二衛分統四部永樂二

年表貢馬五百匹令河州衛指揮康壽往受之壽言令甲諸番貢馬償以茶官爲轉輸令安定遠請給布絹報可亡何王爲曲先攻殺部落潰散十一年其孫亦攀丹復故封　賜印誥遣使諭祭前王二十二年中使往西域道死于賊都指揮李英率兵至罕東問故言賊中使者安定曲先酋也英進擊安定俘斬千餘獲駝馬牛羊巨萬曲先遁去宣德二年以安定僧賞竹領眞爲國師給誥命銀印是後王與國師並入貢而國師外復有禪師自永

樂後留西寧正統時都指揮汪清疏其窺伺内地
詔歸安定輔其王九年安定酋那南奔等掠曲先
勑亦攀丹約束部落十一年卒子領占斡些兒嗣
王尚幼以其叔輟思叅巴為都指揮僉事佐之成
化中為土魯番殘破弘治初安定王子千奔嗣王
遣使入貢會議求哈密忠順王近裔詭稱安定同
系以侄陝巴承襲尋見虜土魯番而千奔終弘治
貢使相望正德七年北虜亦卜剌據西海破安定
奪其誥印種人汪遷爾加等寄跡河州歸德十年

安揷西寧嘉靖中尚書王瓊行訪求原守墳塔國師藏卜哈巴及汪纏等令住牧迤北沙糖川部酋襲指揮職領其衆而安定王苗裔無傳阿端久沒莫知其處

曲先

曲先東抵安定北距肅州爲古西戎部落或云本月氏地也元置曲先苔林元帥府洪武四年設衛以土酋散西思爲指揮同知頊之爲朶兒只巴所攻并入安定居阿眞地永樂四年徙曲先衛治藥

王淮其後指揮散卽思及安定酋刼殺中使洪熙改元命都指揮李英窮追踰崑崙西数百里乃還宣德二年復掠西域貢使都督史昭率安定罕東兵討之進馬贖罪還其俘令居故部指揮那那罕表言部落五百餘爲安定所虜餘衆潰居西番江不敢歸 詔安定王遣還復業其後屢入貢正統二年夷目黒麻乩遣指揮火丁貢方物成化後以土魯番及亦不剌侵掠部落走匿烏思藏而衛人牙木蘭刼於土魯番率衆蹂哈密其兄脫蹄聚帖

木哥女弟收衛印部衆二百餘依帖木哥等於沙
州嘉靖七年以疑貳擁帳三千與罕東衛帖木哥
土巴等來歸　詔安揷牙木蘭於湖廣江夏遂鬻
田宅爲大賈胡而曲先故地盡失矣其俗服色尚
白喪易以青産珊瑚珠名馬硃砂

罕東

罕東在赤斤蒙古南亦西戎部落洪武二十五年
涼國公藍玉追逋寇至罕東將佐諫勿深入不從
縱兵阿真川土酋哈昝等皆遁去不見虜而還三

十年酋長鎖南吉剌思遣使入貢立罕東衛以鎖南吉剌思爲指揮僉事永樂二年與其兄答力襲等十六人貢馬進指揮使以苔力襲爲指揮同知夷目奴奴爲指揮僉事各賜冠帶鈔幣歲脩貢不絕洪熙元年指揮那那奏部夷負内供馬逃赤斤而官兵方討曲先相驚欲爲亂令守臣招撫之曲先之役夷目班麻思結率所部從得首虜駝馬獻宣德七年以功授指揮使九年罕東别部劄兒加邀刼使者命都督劉廣史昭討之劄兒加自歸還

所掠貢馬謝正統五年赤斤蒙古言指揮鎖合者殺人迯罕東且誘其部落哈密亦言罕東擅相攻鹵人畜兩詔諭之十四年班麻思結言哈密來侵上念諸夷数告言搆怨而哈密又累誘瓦剌盜邊詔都御史馬昂約忠順王無仇罕東且令偵虜成化九年土魯番刼哈密城印高陽伯李文等調罕東赤斤兵数千往苦峪關無功歸時罕東諸夷皆困土魯番而夷酋奄章先與諸族讐殺遁居沙州部落日蕃班麻思結卽奄章子也至是其孫只克

以沙州衛既廢請即其地立罕東左衛詔從之以只克嗣祖秩領衛尋晉都督僉事弘治八年土魯番掠沙州只克請救尚書馬文升議發罕東兵往襲以失期功不就自是土魯番每入寇假道罕東令給食而亦不刺安定數掠其貲罕東益微弘治時款肅州塞請卹矣正德中兵備陳九疇擊郤土魯番沙州稍得生聚復歸耕牧比牙木蘭再入殘破其酋土巴等並叛附時只克卒孫日羔剌嗣爲都督嘉靖初與罕東它酋帖木哥土巴先叛附土

舊番者皆來歸尚書王瓊請分其衆半居肅州白
[illegible]山半居威虜仍擇壯勇練習番上聽日羔刺約
[illegible]餉累萬石而各夷以城堡未築環居肅州二十
八年巡撫楊博始葺威虜金塔寺諸城堡給以耕
[illegible]安插番帳凡七百餘凡部落男婦三千四百餘
人爲申約禁番漢交通惟朔望入城市易四十二
年著令日羔刺等五年一貢沙州古燉煌地唐天
寶末陷西戎張義潮以州歸順建歸義軍卽以義
潮爲節度使梁後曹姓代立迄宋朝貢永樂二年

先寫在前

罕衛正統中都督喃哥以困瓦剌等部屬戶二百餘來歸命居山東平山東昌二衛給糧及耕地有差衛遂廢哉曰二罕東皆在沙州城嘉峪關外夷二罕東寖弱

論曰初置哈密本以縮截西戎隔絕羌虜乃脫脫終鮮血胤而罕慎陝巴並以非類爰立貪酗不堪擔荷至拜牙郎直從叛如流水而欲強之歸國爲我外藩庸可與乎揚旌萬里侈言與繼祇令小醜得以城印爲市靡敝中土甚無謂也余考前後規

畫獨馬端肅襲擊牙蘭寵爲得策惜以闖外違制迄無成功彭王兩經略並以材指聞彭躁而疎王忮而愎適以疆事供陰陽報復之用而功罪翻局若反覆掌可心寒矣或欲縻西寧海虜西制土魯番北控瓦剌尤屬左筭端肅有言西域賈胡規利不善騎射古未有能爲中國大患者如虜得志蠶食番族是爲開門延寇近事可鑒議者至以哈密不復埒鄧隲棄涼州則光武之閉玉門曾不足法歟